JN409252

석정원 뜰에 꽃이 피며

석정원 뜰에 꽃이 피며

초판 1쇄 _ 2014년 11월 25일
초판 발행 _ 2014년 11월 30일

지은이 _ 석용호
펴낸이 _ 양상구
디자인 _ 은새
펴낸곳 _ 도서출판 채운재
주소 _ 100-861 서울시 중구 충무로2가 49-8(서울빌딩 202호)
전화 _ 02-704-3301
팩스 _ 02-2268-3910
손전화 _ 010-5466-3911
이메일 _ ysg8527@naver.com

ISBN 978-89-93829-79-2 03810
값 10,000원

채운재 시인선 52

석정원 뜰에 꽃이 피며

석용호 제3시집

도서출판 채운재

■ 저자의 말 ■

제3집 출판에 붙이는 글

2014년 甲午 년은 60년 만에 온다는 청마의 해로써 모두 행운의 해라 기대도 컸던 것 같습니다. 청마의 해도 어느덧 서산을 넘어 기울어 갔고 대망의 꿈을 안고 2015년 乙巳 년의 새날이 밝아오고 있는 이때에 저로는 2010년도 첫 시집을 발간 후 다섯 해를 보내고 세 번째 시집을 출간하게 됨을 무엇보다도 기쁜 일이며 아름다운 결실이라고 생각합니다.

산골 중의 산골 충청도 백두대간을 타고 내려오다 태백산맥 소백산에서 비켜선 달이 뜰 때 그 아름답기가 빼어난 영봉을 자랑하는 월악산 산그늘이 내려다보이는 산촌 마을에서 태어나 육십이라는 세월을 뛰어넘어 제2의 인생을 달음질치고 있으며 한국전쟁 중에 태어난 제가 제천 덕산초등학교(38기)를 마치고 열세 살 되던 해에 고향을 떠나 청풍명월의 고장으로 중학교 유학을 떠나던 때가 55년 전 일…….

동구 밖을 나서면서 나중에 공부하고 돈 많이 벌면 우리 아버지 어머니께 좋은 집에 좋은 옷에 좋은 음식 마련해 드린다고 다짐하고 떠났던 길이 벌써…….

그때의 마음이 항상 머릿속을 짓누르고 살아왔었는데 여러 가지 어려운 여건 탓에 미루던 사이 아버님은 몇년 전 돌아가시고 어머님만 생존해 계신 상태에서 이것저것 다 뿌리치고 2012년 7월 7일 꿈에도 그리던

“정든 내 고향 정든 우리 집” 石庭苑을 신축하여 어머님이라도 남은 여생을 보내실 수 있도록 마련하게 되어 50년 동안 짊어지고 다니던 마음에 빚을 조금이라도 덜게 되었답니다.

첫 시집 “허공에 파문을 빗다” 제2집 석정원 “마음에 그림 그리며” 에 이어 세 번째 시집까지 출간하게 되니 무거웠던 마음이 조금은 가벼워졌으며 이렇게 “정든 내 고향 정든 우리 집” “석정원” 을 마련하고 이곳에서 제2의 인생을 누리게 되니 감회가 넘쳐흐른답니다. 또한 어머님 살아생전 좋은 집 마련 약속도 지켰고 또한 찾아뵐 때마다 좋아하시고 기뻐하시는 모습에서 부모 자식 간의 따뜻한 情까지 느낄 수 있어 매우 행복합니다.

평생을 고생만 하신 어머님! 천수를 다하시는 날까지 부디 행복하게 잘 지내세요.

석정원은 곧 나의 고향이요 마음의 안식처입니다. 본인 또한 이곳에서 남은 여생을 고향산천과 자연을 벗삼아 석정원과 함께 미래를 꿈꾸며 고향의 초목들과 벗하며 글을 쓰고 아름다운 삶을 보낼 수 있음에 감사의 마음을 담고 살아 가렵니다.

2014년 12월

을사년 새해가 떠오르는 석정원 뜰에서

-石花/ 石 容 鎬 拜上

■ 차례 ■

제2부

비워야 채울 수 있다

제3부

비워야 채울 수 있다

제4부

청풍명월

제1부

봄이 오는 흐럭

입춘

고개 들어 산을 보니
파랗게 추위에 떨던 나뭇가지도
어느새 생기가 돋아나 보인다

바위 틈새에 얼어 있던 물 흐르며
잔뜩 웅크리고 지내던 숲 속 나무들
행인들의 발걸음 소리에 놀라
하품도 하고 기지개도 펴며
고개를 들어 세상을 보고 있다

봄눈春雪

겨우내 닫혔던
창을 열어 젖히고
봄이 어디쯤 오는가 보고 있노라니
산과 들판을 삽시간에
눈 꽃밭으로 만들어 놓는다

겨울잠에서 막 깨어나
기지개를 켜보던 나뭇가지도
고개를 슬쩍 내밀었던 새싹도
모두 다 웅크리며 숨는다

가는 겨울이 아쉬워서일까
오려는 봄이 미워서일까

수리산 수암봉에서

앞을 바라보니 저 멀리 시화호
옆을 쳐다보니 코 앞에 광명역사
뒤를 돌아보니 저만치 관악산이
풍화에 약하다는 하얀 운모가
수암봉 이루었고 산새 소리 들려오는
자연의 아름다움이 가슴에 안긴다
수암봉을 벗 삼아 사노라니
이 또한 얼마나 기쁘고 행복함인가

장승

비가 내리면 비를 맞고
눈이 내리면 눈을 맞고

해가 뜨면 햇빛을 받으며
달이 뜨면 달빛을 받으며

눈이 있어도 못 본 척
귀가 있어도 못 들은 척
사람들 지나가도 모른 채

봄. 여름. 가을. 겨울
날마다 묵언수행 중

봄이 오는 흔적

도심 공원에는
산책하는 사람들 늘어나며

건물 옥상에서도
담소하는 사람들이 하나둘씩

먼 산에서는
회색빛 나뭇가지들 움트는 소리

골짜기에서는
봄눈 헤치고 노란 복수초가 피어나고

개울가에서는
선잠에서 깨어난 개구리가 헤엄치고

뜰 앞에서는
목련은 뽀얀 백옥의 아름다움이

마음 구석에서
새싹 품은 봄 향기가 솔솔 돋아납니다

나목裸木

세월의 누더기를
하나둘 떨구어 버린다

때 이른 봄부터 가을날까지
겹겹이 걸치고 입어왔는데

밤낮을 잊은 채
노랗게 빨갛게 터질 때까지
오로지 감싸기 급급하더니

찬바람이 불어와
눈보라가 달려와
하나둘 벗기고

누더기마저 발가벗겨 버리고
동장군까지 합세하여 고뇌마저 지우니

끝내는 달려드는 칼바람에
하얗게 담금질도 맞아주고
새날을 기다리며 떨고 있는 나목이여

할미꽃

우리 어머니의 먼 훗날
모습을 보는 것 같은 할미꽃
평생을 자식 위한 뒷바라지하느라
제대로 허리 한 번 펴보지도 못하고
생각도 많고 고민도 많아
고개를 떨군 채 피어나는 꽃

셋 딸을 잘 키워 시집까지 보냈건만
늙고 병든 몸이 되고 보니 오갈 곳이 없어
그래도 정 많은 막내 딸 집을 찾아 나섰다가
눈길에 쓰러져 숨져간 어머니 무덤에서
피어나기 시작했다는 슬픈 전설을 담고
해마다 봄이면 피어나는 꽃

철새

봄기운 하늘에서 내려올 때쯤이면
철새들은 겨울 잠자리를 정리하고
북쪽을 향하여 머나먼 길을 떠나갑니다

남쪽에서 겨울을 보낸 제비는
수백만 리에서 길을 잃지 않고
지난가을 떠났던 곳으로 다시 돌아옵니다

요즘같이 흔하고도 정밀한
내비게이션 하나 없는데
그렇게도 정확히 오고 가는 것일까

만물의 영장이라는 사람들은
이해관계에 따라 둥지를 옮기지만

철새들은
겨울을 피하러 철 따라 떠났다가
제 둥지만은 버리지 않고 돌아오는
초지일관에는 잔잔한 감동까지

수국水菊꽃

솜사탕이라도 뽑아서
담장 곁에 꽂아 놓은 듯

한겨울 함박눈이
나뭇가지에 주렁주렁 매달린 듯

소년이 사랑 찾아 따라오던
소녀를 피하려고 달아나다
떨어져 죽은 자리 피어난 꽃

소녀의 이름이 수
소년의 이름이 국

변심과 사랑의 진심을
가지고 가슴에 피어난
슬픔의 전설 속 수국 꽃

하얀색 보라색 분홍색
변심도 변색도 심해도
사랑의 진심만큼은 담겨있어
5월의 신부가 두 손 모아 꼭 잡고 있는 꽃

장미꽃

계절의 여왕이 오월이라면
꽃 중의 여왕은 장미꽃

붉은 장미는 뜨거운 사랑을
하얀 장미는 순결한 사랑을

노란 장미는 변치 않는 사랑을
주황 장미는 첫사랑의 상징을

보라색 장미는 영원한 사랑을
파란색 장미는 천상의 사랑을

검은 장미는 당신은 영원히 나의 것
분홍 장미는 행복을 맹세한 사랑을

보기도 아름답고 그윽한 향기 속에
마음을 사랑 늪에 빠져들게 하지만

보이지 않는 곳에 숨어있는 가시는
찔리면 깊은 상처 아픈 사랑 장미꽃

오월의 꽃들이여

앞산 계곡에는 아카시아 피어나고
뒷산 언덕에는 철쭉꽃이 피어나서
산에 불이라도 지른 듯이 타오르고

조팝나무는 좁쌀 강정처럼 하얗게
수국은 눈송이같이 몽실몽실

도심에는 이팝나무가
벼 강정이라도 띄워 놓는 듯
하얀 꽃나무로 가로수 길을 이루었네

목련이 지고 난 담장 아래는
땅을 헤집고 올라온 모란이 피어나고
뜰 앞에는 작약꽃이 함박웃음처럼 피어났네요

산과 들 도시 농촌 꽃으로 피어나고
꽃으로 뒤덮이는 오월의 꽃들이여

달맞이꽃

무엇이 부끄러운지
수줍음이 많은 것인지
밝은 햇볕이 싫어서일까
어두운 밤이 좋아서일까

해가 서산을 넘고
달이 떠오를 때쯤이면
뒤꿈치는 올려 들고
긴 고개는 바로 들고

임을 맞이하려는지
옷고름을 풀어
노오란 속살을 하나씩 드러내고
밀어의 속삭임으로
밤이 깊어 가는 줄도 잊은 채

먼동이 터오기 시작하면
작별이 아쉬운 듯 고개는 떨군 채
입술마저 닫아버리는 달맞이꽃

부용화

이쪽에서 보면 하얀 꽃
저쪽에서 보면 빨강 꽃
서로서로 섞여 분홍 꽃

봉오리를 보아도
꽃 잎새를 보아도
무궁화를 닮은 듯

매혹적인 봉오리
섬세함의 꽃 잎새
정숙함의 꽃 입술
행운은 반드시 온다는 꽃말까지

곳곳에서 유혹의 손짓도 하고
여인의 미소도 자아내며
바람이 스쳐 갈 때마다
너울춤을 추고 있는 부용화여

찾아주지 않는 무덤

산모퉁이 돌아서면 보이듯 말듯
묘지인지 분간도 안 되고
사람의 발길이라고는 흔적도 없는 무덤

처음 고인을 모시던 날은
적어도 수십 명의 눈물 세례를 받으며
영면의 자리로 만들어 모신 묘지

한 줌의 흙이 되었는지 모를 고인도
젊은 날에는 부귀영화도 꿈꾸었을 테고
누군가를 애틋하게 사랑도 했을 텐데

자귀나무여 잠 깨어라

겨울잠에 취하였는가
아무리 깨워도 일어나지 않다가
산수유 꽃이 질 무렵 돼서야
살포시 잎새가 돋아나는 잠꾸러기 나무

겨울 동장군에 얼어 죽었나 싶어
가까이 보면 가지마다
매일 조금씩 새잎이 솟아나고

연두색 잎새는
저녁이면 눈감듯이 접고 잠까지 자며
아침이면 기지개 펴듯 활짝 피어나는
신비로운 잠자는 나무 자귀나무

꽃 또한 작은
보랏빛 솜사탕처럼 피어나
수줍은 여인상이라고나 할까

석정원 뜰에도
자귀나무 꽃이 만발하여
오가는 이의 마음을
무지개 빛으로 물들게 합니다

메타세콰이아(MetaSeqia) 숲길을 따라

하늘 높은 줄도 모르고
위로만 치솟는 나무

은행나무와 함께
화석나무로 여겨왔던 희귀종

가냘픈 잎새가
계절마다 색상이 다양하여

봄철에는 연두색
여름에는 초록색
가을에는 황금색
겨울에는 적갈색

넓지도 않은 잎새 사이에서
토해내는 산소와 피톤치드가 높아
사람들의 몸과 머리까지 맑게 하고
마음마저 정화될 수 있는
메타세콰이아 숲길을 함께 걸어봅시다

* 메타세콰이아의 은행나무와 함께 화석나무로 멸종으로 분류되었으나 1946년 중국 마타오치 강변에서 발견되어 우리나라에는 1956년 수입되어 현재 전국에 가로수로 각광을 받게 되었으며 그중에서도 담양의 숲길이 제일이라 한다.

나무 그리고 숲

나무 중에는
높은 나무 작은 나무
곧은 나무 굽은 나무

아름다운 꽃을 피워내는 것도
향기로운 향을 발산하는 것도

커다란 잎을 자랑하는 것도
치톤치드를 토해내는 것도

가지가 많고 구불구불한 것도
하늘로 높이 치솟은 것도

수천수만 종의 나무가 있지만
나무 혼자서는 숲을 이루지 못하며

여러 가지 나무들이 어우러질 때
아름답고 신비로운 예술품
자연의 숲으로 태어나리라

구월이 오는 길

창공에는
뭉게구름 피어나고

숲 속에서는
힘에 겨운 매미 소리

창가에는
풀 벌레들 합창 소리

마당 가에는
고추들이 딩굴 딩굴

들녘에서는
황금 물결이 파도를 이루고

바라만 보아도
듣기만 하여도
풍요로움이 가득한 구월이 오는 길

섬으로 떠나고 싶어라

전설 속의 이어도부터
제주도, 거제도, 진도, 강화도
3,200여 개의 섬이 있지만
사람이 사는 섬 500여 개

하늘에서 내려다보면
바다 위에 크고 작은 돌을
던져 놓은 듯 아름다운
내 가족의 휴식처

섬으로 가고 싶다
대세 바람을 타고
섬으로 달려가고 있다

갈대

세월의 비바람을
혼자서 맞이한 것처럼

머리카락은 하얗게
바람에 휘날리고

꼿꼿하던 허리는
활처럼 휘어지고

파란 옷은 오간데 없이
누런 옷으로 갈아입고

가을바람이 불어올 때마다
세파에 시달린 노구처럼
이리 흔들 저리 흔들

바람 불 때마다
토해놓는 갈잎의 소리는
비파의 선율 되어 폐부를 찌릅니다

가을

모두가 잠든 밤이면
수십에서 수백 명의 화공이
산 정상부터 칠하기를 시작하더니

캄캄한 어둠 속에서
물감을 엎지르지도 않고
밤마다 조금씩 조금씩

흥분한 화공은 빨간색으로
노련한 화공은 노란색으로
혈기의 화공은 파랑색으로

어느새 아래까지 울긋불긋
가을 수채화를 그려 놓는다

가을 바람 타고

가을이 수리산 언덕에서
서서히 내려오는가 싶더니
어느새 떠나갈 채비를 하며
화려했던 시월도 어느새

내년에 다시 오겠지만
이 가을에 아름다운 모습은
가슴속에 그리움만 남긴 채
낙엽만 차곡차곡 쌓이는구나

가을이 저 멀리

앞에서 막아 보아도
뒤에서 붙잡아 당겨 봐도

떠나지 말라고 애원하고
눈물로 호소해 보아도

시간이라도 멈췄으면
울타리를 쳐 가두어도

까만 천을 모아 모아
눈이라도 못 내리게 하였건만
울긋불긋 카페 길을 밟으며 떠나갑니다

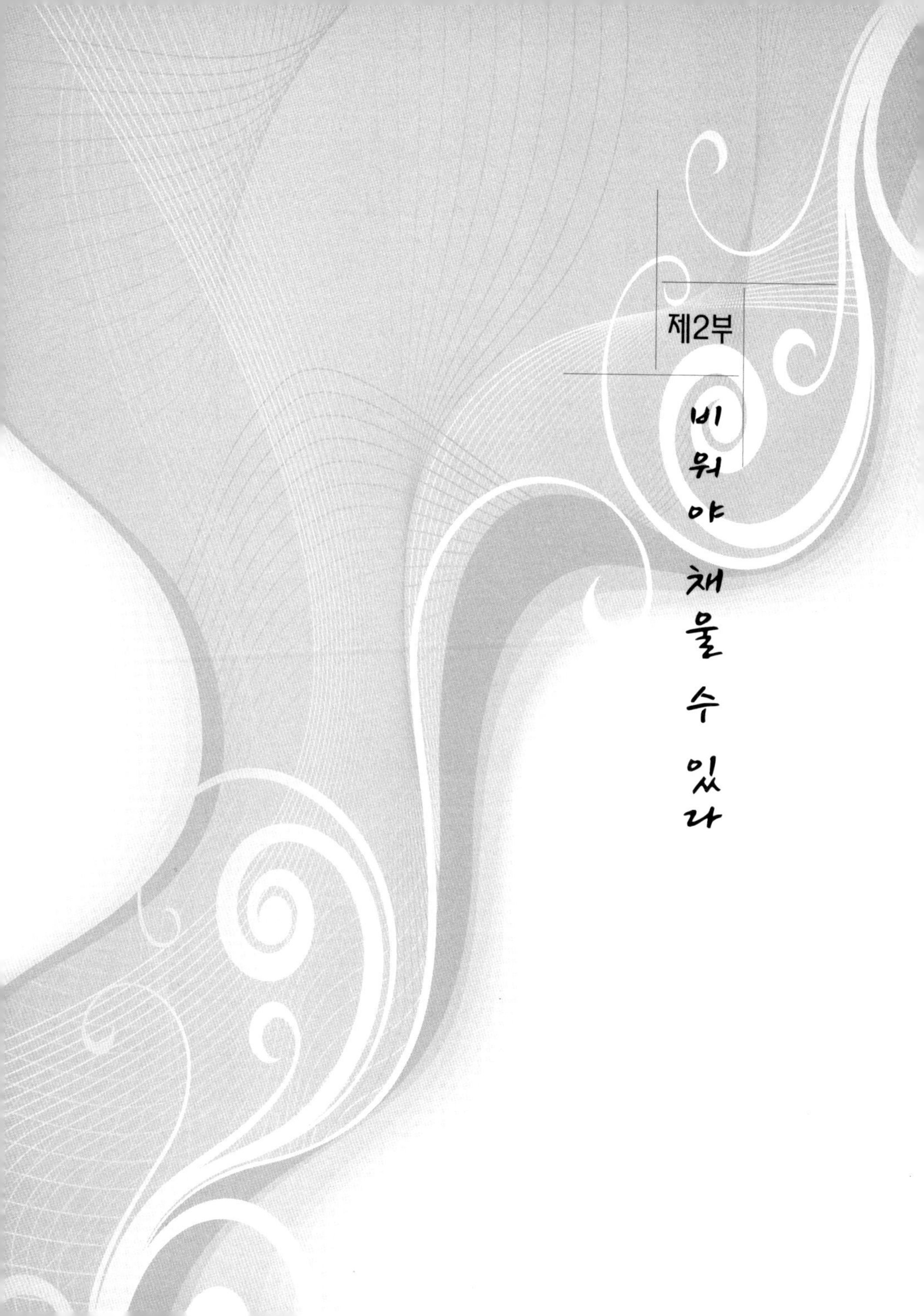

제2부

비워야 채울 수 있다

자화상

태어날 때는
보드라운 천에 감 쌓여
두 손을 꼭 쥐고 태어났건만

자라면서 피부는 거칠어지고
목소리도 커지게 되고
결혼하니 남편이라는 이름 하나 더
자식이 있으니 가장이란 꼬리표까지

새벽 별을 보며 집을 나섰고
어둠이 내려서야 돌아오는
다람쥐 쳇바퀴 돌 듯 살아온 인생

어느새 까만 머리는 반백으로 변화고
이마에는 인생 계급장이 되니
거울 보기조차 두려운 내 얼굴

세상살이가 어렵고 힘들어도
쉽게 드러내놓고 말도 못하고
이 눈치 저 눈치 보며 사는 것이
오늘을 살아가는 우리의 자화상

감사의 마음을 담아

뿌리 없는 나무가 어디 있으며
부모 없는 자식이 어디 있겠는가
태어남 자체가 기쁨이요 행복입니다

낳아주시고 길러주신 부모님의 은혜는
평생을 가슴에 담고 살아가는 것이
우리들의 도리요 근본입니다

살아가는 동안에는
철부지 우리를 바른길로 이끌어 주시고
인간의 도리와 지혜를 가르쳐주신 스승님

서로 남남으로 만나서
거칠고 험난한 파도 같은 세상을
행복의 보금자리로 만들어준 반려자

삶의 희로애락을 함께 나누며
정답게 살아가는 이웃사촌

우리 모두를 행복으로
인도해 주시는 모든 분께
항상 감사의 마음을 가득히 담고 살아가렵니다.

소중한 대지

지금 서 있을 수 있는 것도
현재 지탱할 수 있는 것도

생물체로 존재할 수 있는 것도
생명체로 살아갈 수 있는 것도

생명수가 솟아오르는 곳도
일용한 양식을 얻는 곳도

흙에서 태어나서
흙으로 돌아가는
우리 인생살이

사는 동안 단 일초도 버릴 수도
떠날 수 없는 소중한 대지

대지의 고마움을
잊은 채 살아가는 우리
깨달음의 날은 언제쯤 오려는지

참회하며 살아가기

예쁜 꽃을 바라만 보면 될 것을
혼자 보겠노라고 꺾어버렸습니다

배고파하는 사람을 두고서도
고통스러워하는 사람을 제치고도
내 욕심만 내가 먼저 채웠습니다

행색이 초라한 이웃은
외면하며 지나쳤습니다

후회스럽게 살아온 날들이
생의 업보가 되어 무거운 짐으로
가슴을 억누르고 있습니다

이젠 남은 날들은 참회하면서
갚으며 살아야 할 것 같습니다

비워야 채울 수 있다

양손에 움켜쥐고서
조금 더 잡으려다 보면
있는 것마저 놓쳐버린다

물 잔을 더 채우려다 보면
흘러넘쳐 버리게 되며

가득 찬 주머니를 더 채우려다 보면
무거워서 힘들고 넘쳐 잃어버리게 된다

욕망을 더 채우려다 보면
뜻을 이루지 못하고 화를 당하며

가득 찬 머릿속은
더 넣을 수도 없고 암울하기만 하다

마음을 담고 채워만 둔다면
새로운 마음을 담을 수가 없다

열어놓아야 들어오며
내려놓아야 가벼워지고
비워놓아야 채울 수가 있다

마음의 상처

눈을 크게 뜨고
보아도 보이지 않으며

손을 길게 내밀어
잡으려 해도 잡히지도 않고

아프다고 소리 내어도
전혀 들리지도 않으며

피가 흐르는 것도 아니며
하얀 뼈마디가 보이는 것도 아닌

하늘보다 높고 바다보다 깊은
마음의 상처는
약을 먹어서 약을 발라서
치유되는 것이 아니니
마음으로 다스려 주어야 하기에

따듯한 마음으로 감싸주고
사랑의 마음으로 안아줄 때
처음의 제자리로 돌아올 것 같네요

상념의 그림자

찾고 싶어도 찾을 수 없고
만나려고 하여도 만날 수 없으며
잡으려고 헤매도 잡히지 않으니
다가서면 한 발짝 더 멀어져 간다

그리려 해도 그려지지 않으니
까만 밤이 하얗게 타버리고
밤하늘의 수많은 샛별이
은하수 강 되어서 흘러간다

잊으려 하면 돋아나서
머릿속에 시린 가슴에도
그리움으로 가득 채워버린
그대를 향한 상념의 그림자

해탈

첩첩이 겹쳐있는 산중 깊은 곳에
아무도 들어오지 못하는 동굴

태평양 저 멀리 떠 있는 무인도
깊고도 험한 곳 캄캄한 바다

하루에도 수만 명이 오가는
지구 상의 사막지대 오지의 땅

죽음의 그림자는 찾아들게 되며
피하고 숨으려 한들 숨을 곳은 없다

마음을 비워 덕을 쌓아 탑을 세워
영혼이나마 하늘나라 오르자

침묵

하늘에 천둥소리 요란해도
땅에는 단비에 젖어 풍요롭고
세찬 파도가 밀려오고 밀려가도
호수는 고요만이 존재한다

모두 가슴에 묻어버리려는
묵언 수행자 같이 침묵으로
내면의 영혼과 외면의 육신은
언제 깨어나려는지

천길 만큼 깊고도 긴 세월을
무엇으로 알 수가 있겠는가

힐링(Healing)시대

세상 살기가 점점
힘들어지고 어려워지는 시대
생각과는 달리 아픈 곳이
206개의 뼈마디보다
열 곱절도 더 많은 시대
나이가 어리고 많고를 떠나
부자건 가난하건 여기저기
모두가 아픈 사람들로 가득하다
육체의 질병은 의술이 발달하여
치료율이 높아지지만
요즘 세상 마음에 오는 질병은
점점 더 많은 것이다

부질없는 삶인데…

초대받지 않아도 태어난 세상
붙잡아도 때가 되면 돌아가는 인생살이
일장춘몽과도 같은 삶을 살아가는 지금

나서지도 말고 뽐내지도 말고
가진 척도 말고 잘난 척도 말며
남을 위해 공 한 번 드려보자

별 같은 그대는 어디에

밤하늘을 수놓은 별 중에
수 억년의 세월이 흘러도
나타나지 않을 것 같았던 별 하나

혜성처럼 나타났다가는
혜성처럼 사라져 가버린
실체도 형체도 모르는 별 하나

같은 하늘 아래서
같은 땅 위에서
같은 마음으로 기다렸던 별 하나

억만금의 시간을 보내며
온몸을 남김없이 불사르고
지구를 수없이 돌며 기다렸던 별 하나

심장을 지나 폐부를 헤치고
천길 보다 더 깊고도 깊은
가슴속으로 스며든 별 같은 그녀

자연으로 돌아가리라

드넓은 초원의 풀 한 포기
광활한 대지의 흙 한 줌도

강가의 둥근 자갈 하나
바닷가 모래 한주먹도

어느 것 하나 내 것이라곤
세상 어디에도 없다

잠시 내 곁에서 머물고 있을 뿐
때가 되면 자연으로 돌아가리라

내 안의 그대를

잡아보고 싶어도 잡히지 않고
안아주고 싶어도 안을 수 없으니

목 놓아 불러도 대답이 없고
눈뜨고 찾아봐도 보이지 않으니

세상에 단 하나밖에 없는 임이여
저 하늘이 저녁노을이
그대의 얼굴로 보입니다

내 안에 그대를
가슴에 품고 살아가렵니다

일장춘몽一場春夢

한때는
그리워하는 마음으로
밤을 하얗게 새우기도 했습니다
그대를 위해 내 모든 것을
던져버리기도 했습니다
깊은 증오도 해 보았으나
가슴에 묻기로 했습니다
마음을 씻기로 했습니다
하얗게 잊기로 했습니다
이제는
눈 감으면 떠오르고 눈 뜨면
허공으로 흔적도 없습니다

연정을 어찌 알리요

구름이 태양을 가린다고
태양이 사라진 것이 아닙니다

구름이 달을 가린다고
달이 사라지는 것도 아닙니다

눈에서 안 보인다고
온몸을 몇 겹의 옷으로 가려도
숨길 수 없는 그리움으로 가득합니다

봄이면 새싹이 나오고 꽃이 피어
붉은 장미 같이 솟구치는 연정을
어찌 막을 수가 있단 말입니까

사랑과 情

사랑은 돈이 필요하지만
情이란 돈이 필요가 없다

사랑은 눈을 멀게 하지만
情이란 마음을 병들게 한다

사랑은 바람처럼 스쳐 가지만
情이란 돌처럼 무겁다

사랑은 달콤한 맛이라면
情이란 향긋한 향수라네

지나치면 화禍를

과음이 지나치면 인사불성
과욕을 하다 보면 패가망신

과식을 하다 보면 소화불량
과로를 하다 보면 건강실종

과속을 하다 보면 사고 발생
과열을 그냥 두면 화재 발생

내주장 지나치면 왕따 신세
과소비 하다 보면 가산탕진

무엇이든 지나치면 얻기보다 잃는 것이
세상만사 적당 제일 만사형통 행복일세

그대였으면 좋겠습니다

하루에도 몇 번씩
듣고 싶은 목소리가
바로 그대였으면 좋겠습니다.

저 멀리서 들려오는
발걸음 소리가 기다려지는
바로 그대였으면 좋겠습니다.

창 너머 들려오는
아름다운 노랫소리가
바로 그대였으면 좋겠습니다.

카페에서 그윽한 커피를 마시며
대화를 나누고 싶은
바로 그대였으면 좋겠습니다.

파도치는 바닷가를
함께 걷고 싶은
바로 그대였으면 좋겠습니다

영원히 내 곁에 있어
사랑의 노래 불러주는
바로 그대였으면 좋겠습니다

그리움의 끝은 어디에

사무친 그리움을
묻어 둘 곳이 없으며
지울 수가 없어서
가슴에 아픔만 남아

뼛속까지 시려온다
참는다고 참아지겠는가
어찌 잊혀 지겠는가
정녕 그리움의 끝은 어디란 말인가

고향

고향은
떠나올 수는 있어도
버려질 수는 없으며
잠시는 잊을 수는 있어도
영원히 지울 수는 없는 곳

고향은
내가 떠나왔다고
나를 떠나가지는 않으며
항상 꿈이 자라나고
돌아오기를 기다리는 곳

고향은
어머니의 품속같이
포근하고 따뜻하며
언제라도 반기는 곳

귀거래사를 읊으면서
돌아가는 날은 언제쯤이나 되려는지

기다림

행여나 하고
대문 만 바라보다가
조급한 마음에
신발이 꿰인 채로 달려가
우편함을 뒤적거려본다

내일은 소식 올까 기다림에
뒤척이는 사이
어느새 여명이 떠 지친 마음은
숯덩이 되어 잠을 청한다

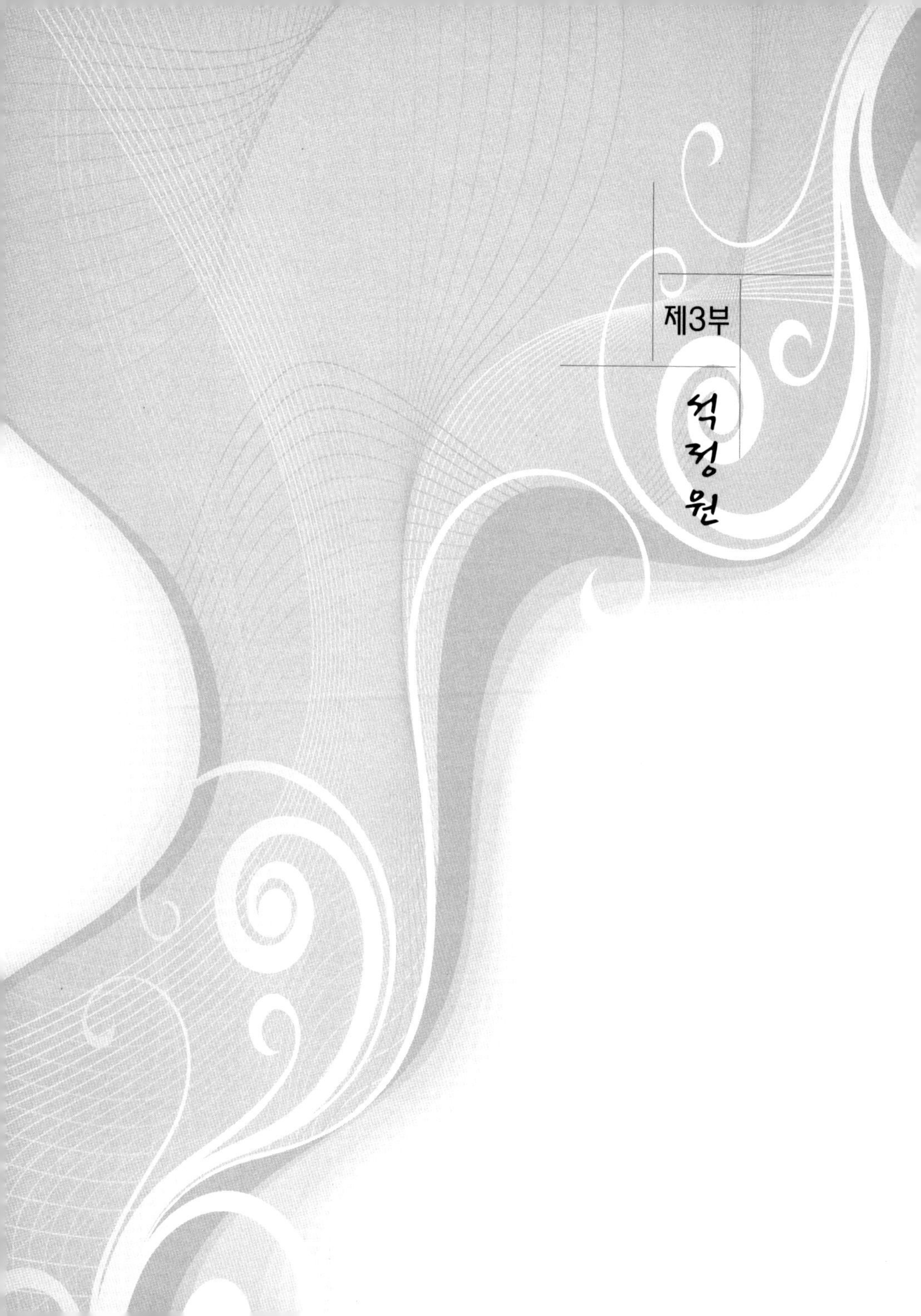

제3부

석령원

석정원 뜨락의 꽃들이여

충청도 두메산골 중의 산골
앞을 보아도 산이요
뒤를 보아도 산뿐인 이곳

산세가 험준하면서도 오뚝한
월악산 영봉靈峰의 정기가
운무 타고 내려와 머무른 석정원

꿈을 안고 태어난 곳
꿈을 품고 자라던 곳
꿈을 묻고 돌아갈 곳

풀뿌리 돌부리부터
나뭇가지까지
소중한 것들 모두 모여

나의 꿈을 키워준
정든 내 고향 정든 우리 집
석정원 뜨락의 꽃들이여
지지 말고 영원히 피어나거라

고향에도 봄이

열세 살 소년이 초등학교를 마치고
고향 산천을 뒤로하고
타관객지로 떠나오던 그때도 봄날이었지

봄이면 뜰에는 산수유가
노랗게 피어나 봄이 왔음을
제일 먼저 알려주었는데

떠나올 때 까만 머리는
어느새 반백으로 변했건만
정든 내 고향 정든 우리 집은
지금도 잘 있으려나

그 시절로 되돌릴 수도
되돌아 갈 수는 없지만
올해도 봄꽃들이 피어난
고향의 봄을 찾아가렵니다

가족이라는 인연

단단하기에는 으뜸이며
따듯하기로도 제일이며
행복하기로도 최고이며

위로 아래로 용서가 있으며
서로서로 간 화해가 있으며
모두 다 함께 기쁨이 있으며

가족이라는 공동체가
영원히 변치 않는
소중한 인연입니다

사는 것도 세상도 변하는데

행동은 작아지고 말은 많아지며
배려는 작아지고 욕심은 넘친다

지난 세월 생각하니 부끄러움 인생
남은 생 베풀면서 행복의 웃음 웃어보자

세상만사 새옹지마 떠날 때는 빈손인데
사는 동안 즐겁고 행복하게 살아보자

뜨락에 피어나는 꽃

바람에 실려 왔던가요
구름을 타고 왔던가요
땅에서 솟아올랐나요
양지쪽 뜰 안 곳곳마다
새싹이 돋고 꽃 몽우리 나니
축복에 꽃이 피어나
얼굴에는 웃음이
가슴에도 사랑이
마음에도 행복이
하늘로 솟구쳐 오르네요

어버이 마음

삶의 고통이
온몸을 뒤덮고 삼켜버리는
거센 파도처럼 밀려와도

삶에 무게가
지구 무게만큼이나
무겁게 온몸을 짓눌러 와도

삶의 분노가
화산처럼 솟구치고
용암이 가슴을 타고 흘러내려도

삶이 아무리
힘들고 어렵고 고통스러워도
한결같은 마음으로 살리라

삶의 등짐을 내리려고

부여잡고 있으려니
등짐지고 있으려니
허리가 휘어지는 줄도 모르고
다리가 휘청대는 것도 잊은 체
욕망의 끝은 어디쯤일까

무엇이 그리도 부족해
작아만 보이는 것일까

삶에 짐들을 내려놓으면 좋으련만
언제까지 지고 가려는지
어디까지 이고 가려는지

마음에 꽃을 피우며

한 송이 꽃을 피우기 위해
새벽이슬을 벗 삼고
따사로운 햇볕을 친구삼아
숱한 밤을 지새며
톱니바퀴처럼 굴러 왔다

수만 리보다 더 긴 인생
마음에 피어나는 욕망의 꽃
욕심을 내려놓고
수행자의 심정으로
구도자의 마음으로
마음을 비우고 살아간다면

아름다운 추억

40년의 세월을 고이고이 묻어 두었다가
이제야 꺼내 들고 좋아하는 것도
까마득히 잊혀져가던 세월 속에서
싱그런 푸른 잎새의 꿈들이
나의 마음을 시리고 아프게 했었지
40년 세월의 빗을 탕감한 지금
만남은 참으로 편안한 만남이다

추억의 사진 아름다움에 미소 짓고
서로 바라만 볼 수 있는 정을 담고
서로 그리워할 수 있는 정을 담아

값지고 영원히 간직할 수 있다면
시기도 질투도 감히 끼어들 수 없는
그리우면 그리운 대로
아쉬우면 아쉬운 대로
어느 때 어느 곳에서 꺼내어보아도
아름다운 추억 그리며 살아가리라

뜨락에 핀 인연의 꽃

부모와 자식 간의 만남은
전생으로부터 시작된
피할 수 없는 인연이었네

당신과 나의 만남
생면부지의 남남으로 만나
부부로 살아가는 인연이었네

내가 태어난 고향
애지중지 길러주신 부모님
나와 함께 살아가는 부부
우리가 낳은 자식들

억만금을 주어도
바꿀 수 없는 인연
석정원 뜨락에 피어난 꽃이어라

어머니의 마음

넓은 것으로는 세상보다 넓고
높은 것으로는 하늘보다 높고
깊은 것으로는 바다보다 깊고

세상일이 아무리 힘드셔도
사노라면 아무리 슬프셔도
자식들이 아무리 잘못해도

당신의 온몸이 쇠약해져도
당신의 고통이 점점 더해도
당신의 등짐이 더 무거워도

어머니 마음은
오로지 용서와 사랑

석화의 꿈을 찾아서

산골 중의 산골
오지 중의 오지
벽지 중의 벽지에서 태어나

파란 하늘 쳐다보며
초록 들판 뛰어놀며
흙먼지길 달리면서 자라나서

가진 것도 없고
채울 것도 없고
비울 것도 없는 빈털터리지만

화려하지도 않고
빼어나지도 않고
뛰어나지도 않은 사막의 장미꽃

나누고 비우고 베풀어
바르고 아름답고 건강하게
행복한 삶의 장미꽃을
피우려는 것이 석화의 꿈이랍니다

사흘 갈이 밭에서

경운기가 아닌
누렁이가 쟁기로 밭갈이하던 시절

봄날에는 꿈을 심고
여름에는 꿈이 자라나고
가을이면 꿈의 열매가
겨울에는 꿈을 먹고 지내는
정든 내 고향의 정든 사흘 갈이
사흘 갈이 밭이
우리 가족이 된 지도 어느덧 반세기
언제까지라도 영원히 함께할 수 있기를

삶의 무게를 느낄 때

두 주먹 불끈 쥐고
힘차게 삶을 향하여
소리치며 달려왔다

보이는 데로 잡히는 데로
남의 것도 넘겨다보고
내 욕심만 채우며 왔다

등 뒤로 쌓아만 두려니
허리는 낙타 등처럼 휘어지며
다리마저 휘청 거닌다

천수를 누릴 것도 아닌데
삶의 짐을 내려놓고
남은 생 더 부러 살아보자

어머니의 고통

이리 뒤척 저리 뒤척
잠을 이루지 못한다
두 눈을 감고 잠을 청할수록
눈동자만 점점 커져갈 뿐이다

팔다리에서 송곳 통증이 시작된다
한쪽에서 시작하더니
장단 맞추어 양쪽을 오간다
못이라면 뽑아 버리면 그만일 텐데

평생을 논밭에 쪼그려 앉아
오로지 흙냄새 맡으며 살아온
보은의 선물로 대신 받는 걸까

무엇을 위하여 누구를 위해서
206개의 뼈마디가 망가지는 줄도
모른 채 달려온 세월의 끝자락

병상까지 가져온 어머니의 고통을
자식이 대신할 수만 있다면
모두를 옮겨 놓을 수만 있다면
시작은 있어도 끝자락이 보이지 않아
회한의 눈물이 가슴 타고 흘러내린다

아름다운 인연으로

아파도 아프다고 말도 못 하고
그리워도 그리워하지 못 하며
잡으러 가면 점점 더 멀어져가는
그림자처럼 잡히지 않는 그대여

마음이라도 열어보려고
온갖 힘을 다해보아도 빗장처럼
좀처럼 열리지 않는 마음
우주 같은 속마음을 가진 그대여

내 모든 것을 담아 바람에 실려
구름처럼 떠다니는 그대를
먼발치에서 바라만 보는 마음 아시나요

한 하늘 아래 있으면서
그대와 나 공간이 좁혀지지 않고
하늘과 땅만큼이나 커다란 것은
세대라는 가림막 때문인가요

내게는 세상 무엇보다도 소중한 그대
세월이 흘러 서로의 마음이 열리어
하나의 꿈으로 이루어지는
소중한 아름다운 인연으로 남고 싶소

마음에 그림 그리며

보고픈 사람의
얼굴을 예쁘게 그려보려고
붓을 잡고 상상의 나래를 펴고
그리기 시작합니다

긴 머리도
해맑은 눈동자도
오 똑 솟은 코도
앵두 같은 입술도
보름달 같은 미소 짓는 얼굴
너무도 아름답습니다

안타까운 것은
끝내 그 사람의 마음은
그리지 못했습니다

칠남매

하늘에는
별 중의 별 북두칠성이
밤하늘을 밝히고

땅에서는
일곱 빛깔의 무지개가
하늘에 그려 있고

하늘의 정기
대지의 정기
모두를 받고 태어나
어우러져 살아가는 칠남매

생가生家

충청도 산골 중의 산골
오지 중의 오지 월악산 산골 마을에
힘겹게 지탱 해온 지
어언 이순을 훌쩍 넘은 옛집

초가지붕 토방에선 울음소리로
온 누리에 태어남을 알리고
대문에는 새끼줄에 고추 끼워 금줄 치던 생가

세월의 풍파를 견디다 못해
나의 꿈이 자라나던 옛집은
흔적 없이 사라져 버리고

황량한 빈터에는
내일의 꿈을 담은 석정원石庭苑이
마음의 고향 집이라네

행복의 길에는

고통을 견디어 온 것이 아니라
힘들게 참으며 왔습니다

슬픔을 버티며 온 것이 아니라
참고 견디며 왔습니다

이별을 잊으려 한 것이 아니라
스스로 잊기로 한 것입니다

마침내
가슴에는 따사로운 봄의 향기가
마음에는 아름다운 꽃이 피어나
온몸에는 행복으로 가득 감싸고 돌아갑니다

복태야 잘 가거라

조금 더 함께 지내다
떠나라고 애원도 하였건만
갈 길이 바쁜 건지 할 일을 다 하였다는 건지
가족들이 지켜보는 가운데
조용히 잠들듯이 떠나보내야 했던
그 이름 복태

고아 아닌 고아가 되어
우리 집으로 가족 되어 들어오던 날이
어제 같았는데 어느새 12년이란 세월
승용차 나들이를 유난히도 좋아했던 녀석
함께했던 날들이 주마등처럼 지나갑니다

복태야! 그동안 고달프고 힘들었지
이제 좋은 곳에서 편히 쉬면서
다음 세상에서는 사람으로 꼭 환생하여
돌아오기를 꼭 바란다
우리 다시 만나기로 하자
복태야! 좋은 곳으로 잘 가거라

*복태: 12년 동안 키우던 반려동물 강아지 이름

정든 내 고향 정든 우리 집

봄에는
진달래 꽃잎 따먹느라
해가는 줄도 모르고 뛰놀고

여름에는
개울가 피라미 떼 쫓다 보면
구슬땀이 온 몸을 적시고

가을에는
알밤 줍느라 언덕배기를
힘든 것도 잊은 채 오르내리고

겨울에는
고드름 한입 물고
눈사람 만들며 보내던 그곳

월악산 영봉에 걸쳐있는
보름달을 쳐다보며
소원도 빌어보던 그곳

귀거래사를 읊으며
돌아오기를 기다리며
석정원 뜰이 손짓하는
내 고향 정든 우리 집

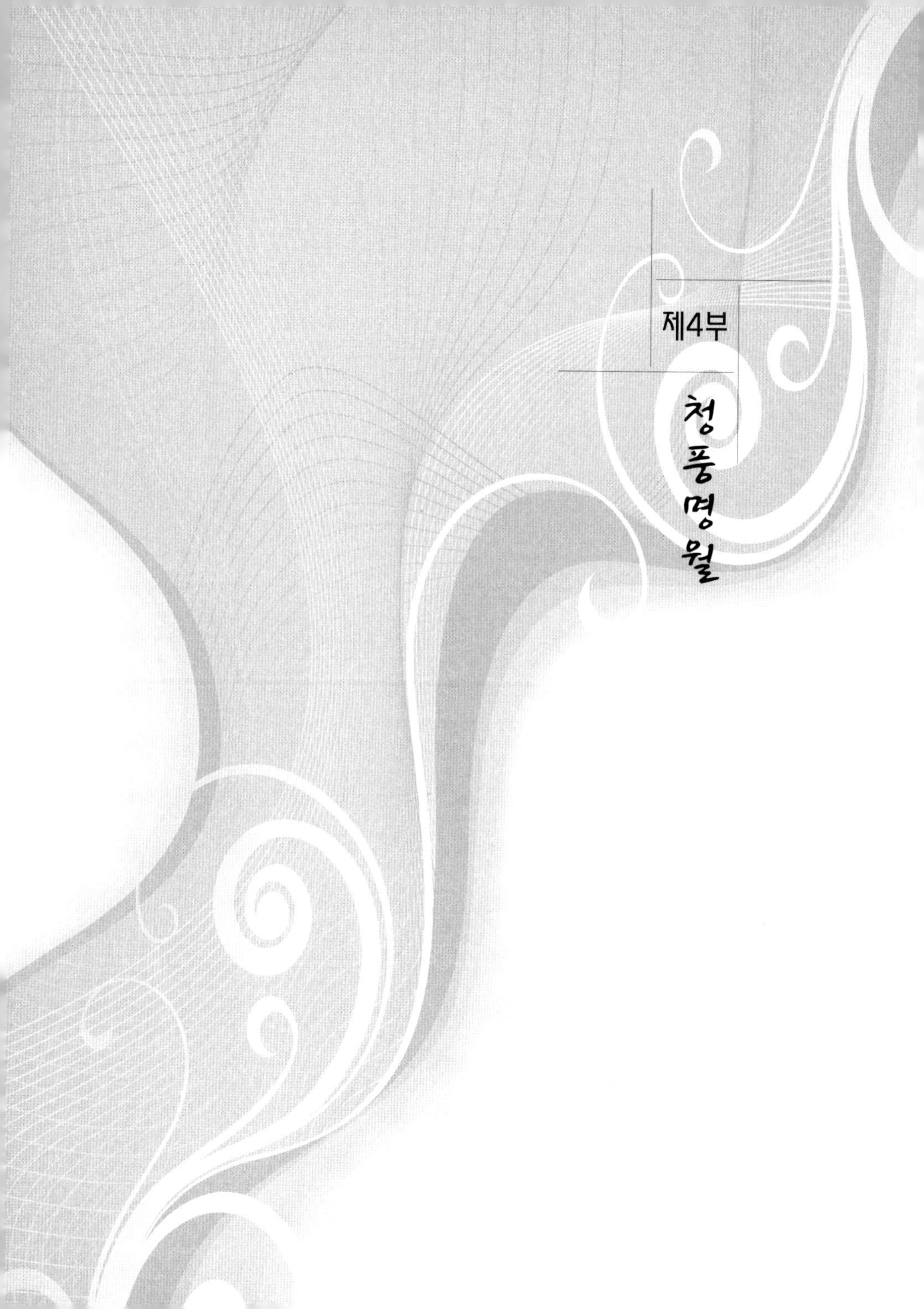

제4부

청풍명월

남한산성

너른 고을을 발판삼고
한양 도읍지를 바라보며
산등선을 따라 굽이치는 성

동서남북의 4개의 문을 연결하는 성곽
17세기에 경사면을 이용한 축조술
과학이 숨어있는 성벽에 감탄을 한다

임진왜란 정묘호란 병자호란의 국난을 맞아
임시수도 역할에 비상왕궁 역할까지
왕과 백성들의 수난이 묻어있는 역사의 현장

청나라의 침략을 받고
45일간 항전을 벌리다가 끝내는
행궁에서 내려와 삼전도비 자리에서 굴욕을

이끼 낀 성곽들 힘겨운 노송들
뼈아픈 역사의 자리를 지켜가는
문화유산 남한산성 빛나거라

* 행궁: 임금이 궁밖으로 행차할 때 머무르던 별궁. 또는 비상시 왕이 정무를 집행하던 시설

* 삼전도비: 인조 임금이 청의 침략을 받고 남한산성 행궁에 머물다가 결국 내려와 무릎을 꿇고 말았던 자리. 지금의 송파구 삼전동 자리에 세워진 비.

너른 고을 찬가

〈1절〉
도자기 중 황실 자기 황실의 도자기 고을
선조들의 마음 담아 풍류를 즐기는 고을
남한산성 성벽에서 국난을 지켜온 고을

〈후렴〉
아름다운 너른 고을 지상낙원 너른 고을
우리 고장 광주 고을 영원하고 행복하여라

〈2절〉
앞으론 백마산의 정기가 흘러내리고
뒤쪽에는 검단산이 휘돌아 감싸서 주고
저 멀리서 무갑산이 굽 돌아 살펴주는 곳

〈후렴〉
아름다운 너른 고을 지상낙원 너른 고을
우리 고장 광주 고을 영원하고 행복하여라

팔당호수

금강산 옥발봉에서 시작하여
화천 춘천 남이섬을 지나온 북한강

백두대간 태백 검릉소에서
정선 목계 이포나루를 거쳐 온 남한강

금강산의 아름다움을 품은 북한강
태백산의 장엄함을 안고 온 남한강

두물머리에서 서로 얼싸안고
환희의 기쁨을 토하는 사이
바다 같은 팔당호수를 이루어 냈다

천 리 길을 달려오느라
거친 숨을 몰아치던 강물들은
아련히 피어난 물안개 속에서
아리수라는 생명수까지 탄생시켜
날마다 행복을 나누어주는 팔당호수이어라

77인을 추모하며

우리나라 첫 고속도로
1968년 개통된 경인선
대표하는 고속도로인 경부고속도로는
1970년 7월 7일에 개통을

전국을 반나절이면 오갈 수 있도록
사통팔달로 쭉쭉 뻗어 가는 4천 키로 시대
우리가 이런 행복을 누릴 수 있는 것은

제대로 된 장비 하나 없이 오로지
피와 땀으로 얼룩진 열정 하나로
경부고속도로 개척현장에서 산화하신
고속도로건설의 영웅 77인의 님들이 계셨기에

덕유산에서 시작하여 서해로 흘러가는
금강 물줄기도 잠시 멈추었다 가는 곳
충북 옥천 동이면 조령리 언덕에 자리한
경부고속도로건설 순직자 77인을 모신 위령탑

조국 대한민국 근대화에 산화하신

님들의 숭고한 희생정신을 추모합니다

목계나루터

영월 단양 청풍 고을의 산나물
충주 가은 노은 중원의 농산물

여주 이포 마포나루를 거쳐
한양성 안으로 들어가고
마포나루에서 모여진
소금 수산물은 목계나루로 내려오고

육로가 변변치 못했던 그 시절
남한강 뱃길이 유일한 물류길

흥정소리를 높여 외치며
장을 펼치던 사람들은 사라지고
미루나무에 매달려서 울어대는
매미 소리가 대신하고 있답니다

목계나루터 표지석 강변에 서서
유유히 흐르는 남한강을 바라보고
목계나루 장날을 회상하며
비바람이 몰아쳐도 묵묵히 말이 없다내

중앙탑

하늘과 땅의 기운이 서린 곳
남한강 중심인 중원 뜰
앞에는 남한강이 도도히 흐르고
우륵의 가야금이 들리는 탄금대
곁에는 고구려를 알리는 기념비
통일신라 중앙 위치를 알리던 자리

한반도 중앙의 중원에
칠층의 석탑을 세우고
삼국통일의 위세를 떨치던 곳

천년의 세월이 흘렀어도
드세 찬 비바람 불어와도
한반도의 중앙지점인 역사의 땅
신라인의 정신을 지켜가는 중앙탑이여
남북통일의 그 날까지 영원히 빛나거라

박달재

천등산과 지등산의
영마루가 겹쳤다고 하여
이등령으로 불리는 고갯길

경상도 젊은 선비 박달 도령과
충청도 도토리 줍던 금봉이가
과거급제하면 결혼 언약하던 곳

멀고도 험했던 옛길과 애달픈 사연도
터널이 뻥 뚫려 모두 사라지고
조각상과 구슬픈 노랫가락만이
비 내리는 박달재를 지키고 있다

청풍명월淸風明月

淸풍호가 펼쳐져 있고
금수산이 내려다보이는
문화재단지에 옮겨 앉은 한벽루

風류 가객들이
시조와 노래를 읊으며
술잔을 기울이고 세월을 보냈던 곳

明심이 춘심이도
함께 거들던 주막거리는
물속으로 수장된 지도 아주 오래전

月매 딸 같은 정절 미인은 보이지 않아도
맑은 바람은 사시사철 불어오고
밝은 달은 중천에서 지난날을 회상하고 있네

금수산錦繡山

백두대간 태백준령을 내려오다가
제천과 단양 양쪽에 걸치고
청풍명월의 고장에 자리한 금수산

유명세 만큼이나 이름도
비단물길 같다고 하여 錦水山
비단처럼 빼어났다고 錦秀山
붉은 단풍 성벽 같다고 赤城山

본래는 백암산으로 불려 왔으나
퇴계 이황이 단양 군수 시절
기암괴석과 산세가 비단으로
수를 놓은 듯 아름답다 하여 붙여진 이름

곳곳에 기암괴석 중에는
아들을 낳을 수 있게 해준다는 남근석도
마치 청풍호반 위에 올려놓은 山秀景石 같은
남쪽의 금강산으로 불리는 錦繡山

정방사에 올라보니

청풍호를 끼고
치벽대를 지나 굽이굽이
산길을 돌아 금수산 정기가
머무른 곳 정방사

뒤로는 암벽이 둘러쌓고
앞에는 청풍호가 한눈에
요사채 마루에 걸터앉아
심호흡을 하고 나니

티끌보다 더 많았던
속세의 근심걱정이
청풍호 빠져 버렸는지
모두 사라져 버렸다네

청풍호

태백산의 검룡소에서
영롱한 샘물이 솟아올라
태백 정선을 구비 돌아
영월에서 도담삼봉까지
시 한 수를 올려놓고
한벽루도 쳐다보며
금란루도 바라보고
천 리 길을 돌고 돌다 보니
심신의 여독이 밀려오는데
밝은 달 맑은 바람이
가던 길을 머문 청풍호

한벽루

앞을 바라보니
비단처럼 아름답다는 금수산

돌아보니
봉황이 날아올랐다는 비봉산

내려다보면
남한강이 도도히 흐르던 언덕에

청풍 고을 부사가
청풍명월 풍객들과 함께
풍류를 즐겼다던 한벽루였는데

망월산성으로 옮겨온 후로는

청풍명월의 지존을 지키려는 듯
비바람에 힘겹게 버티고 서있네요

월악산月岳山

백두대간 태백산 등줄기에서
소백산타고 가지 줄기로 내려와

우측으로는 제천시 청풍호
왼쪽으로는 충주시 충주호
뒤쪽으로는 문경시 하늘재

달이 뜨면 영봉靈峰에
걸린다 하여 月岳이라는
이름이 붙여졌다고 하며

영봉에서 내려다보는 꽃 대궐은
멀리 충주호까지 물들이고
발아래 송계계곡까지 어우러져
찾는 이의 마음마저 꽃 바다 이루고

누구라도
詩心을 솟구치게 하는 月岳山

도담삼봉島潭三峰

단양팔경 중
가장 빼어나 제1경으로 꼽히며

정선 삼봉산에서 있던 것이
장마에 떠 내려와 단양 고을
도담리 물속에 멈춘 봉우리

북쪽 방향 왼쪽에는 약간 토라진 妻峰
중앙에는 장군봉인 男峰
남쪽 방향 오른쪽에는 배 불뚝한 妾峰

이황이 단양 부사시절
주봉에 육각정을 짓고 풍류를 즐기고
개국공신 정도전도 머물렀던 곳

첩봉이 씨앗을 가져
배가 불뚝한 것에 시샘하여
처봉이 돌아앉은 것이라는 전설 속에

비가 오나 눈이 오나 몸을 담근 채
오가는 길손들을 바라보며
유유자적 자리를 지키는 도담삼봉

옥순봉

앞을 바라보니 금수산이
뒤를 돌아보니 월악산이

왼쪽에는 비봉산
우측에는 제비봉

발아래는 태백에서 시작하여
정선 영월 단양을 거쳐
천 리 길을 달려온 물줄기 호반을 이루고

천 년의 비바람이 깎아 세웠던 가
석공이 뜬눈으로 새워놓았는가
대나무 숲을 이룬 절벽의 신비로움

청풍 땅에 있는 옥순봉을
이황 단양 부사가 절경에 도취하여
단양팔경으로 가져갔다 하니

남한강 청풍명월이 어우러져
한 폭의 산수화를 이루어냈으니
그 이름 옥순봉이어라

건봉사

철조망 건너로 보이는 북녘땅
남한에서는 최북단에 위치한
우리나라 4대 사찰 중 하나

금강산 일만 이천 봉의
불심을 담은 기도 소리는
금강산 말사인 건봉사 곳곳에서

한국전쟁으로 소실되고
잡초에 묻혀있는 주춧돌만이
천년고찰의 위용을 지켜가며

유일하게 남은 일주문이
전쟁의 아픔을 간직한 체
힘에 겨운 듯 찾는 이들을 맞이하고

드넓은 절터에서는
삼보에 귀의하라는
불경 소리 목탁소리 들려오며

극락왕생 불심을 담아
휴전선 넘어 북녘으로 보내려는
묵언 수행자들만이 건봉사를 지키고 있다네

보리암

한반도의 정기가
백두에서 시작하여
반도의 끝자락이 멈춘 곳

손에 잡힐 듯 금빛 모래밭이
손짓하는 상주 해수욕장
비단으로 휘두른 남해 금산 언덕

사방을 둘러보니
서른여섯 개의 기암괴석들이
삼라만상을 이루었고

태조 이성계가 득도하여
조선을 세우게 되었다는
전설을 품고 천 년을 지켜왔다는
3대 도량 중의 도량 금산 보리암

삶에 찌들고 무거운 등짐은
백팔 배를 하고 나니
번뇌도 고통도 모두 사라지고
빈손으로 돌아서게 되는구나

향일암

뒤로는 금오산이
앞에는 쪽빛 바다
그 위에 섬들이 점점점

중생들이 방생한
거북이는 여수 동백섬 바다로
금방이라도 뛰어들듯

동쪽을 향하여
떠오르는 태양을 맞아
보리암을 마중이라도 가려는 듯

천 년의 풍우를 맞으며
닦아내고 씻어내고 다스려온
3대 도량 중의 하나 금오산 향일암

삶의 번뇌를 씻어보겠노라고
백팔배를 하고 나니
추녀 끝의 풍경소리가
나를 버리라는 법어처럼 들려오는 향일암

만리장성萬里長城(GreatWallof China])

영상으로만 보던
만리장성에 올라보니

인류 최대의 최대토목 공사에 걸맞게
성곽 기본 거리가 2,700km에 이르고
지선까지 합치면 육천에서 칠천km라고 하니
가희 만리장성이라 칭하고도 남음이

성벽 돌 하나하나가 모두
인간의 힘으로만 축성 되었다는 것이
도저히 믿어지지가 않네

산 능선을 따라 중국의 상징적인
용처럼 굽이치는 성곽을 둘러보니

축성 당시의 수많은 사람들의
애환이 담긴 소리가
이 골짝 저 골짝에서 들려오기도 합니다

피와 땀 눈물로 얼룩진 성벽은
수백 년 풍파에 시달린 탓에 아무런 말이 없고
세계 여러 나라에서 몰려온 구경꾼들이
大長城의 장엄하고 경이로움에
감탄을 연발하는
萬里長城이여 영원하여라

* 萬里長城: 6세기 초 진시황 때부터 북방의 침략을 막기 위해 세우기 시작한 1,500km 방어용 성벽이 역대왕조를 거치면서 형태나 길이가 점점 더 늘어나 15~16세기 경에 이르러 2700km으로 늘어났고 중화인민공화국 때 군사용에서 관광용으로 개보수하여 문화유산으로 보존 관리하고 있음.

석별惜別의 날이

동해의 검푸른 파도를 헤치고
용광로 쇳물보다 더 뜨겁게
솟구쳐 오른 던 계사년의 태양도
첫날의 당당하던 위세는 간곳없이
고개마저 떨군 채
서쪽 언덕 넘어 사라져 갑니다

갑오년을 맞이할 태양은
내일이면 다시 떠오르겠지만
혼신을 다하여
열정을 다하여 달려왔지만
상처받은 날들은
파노라마처럼 뇌리를 스쳐 갈 뿐입니다

잡아당겨도 보았고
매달려도 보았지만
머물 수 없는 운명의 날들은
여한의 눈물 되어 가슴을 타고 흘러내리며
재회의 기약 없이 떠나갑니다